Diese aus dem Jahr 1584 stammende Ansicht der Stadt und des Geländes um die innere Schlei ist zugleich das bedeutendste und aufschlußreichste bildliche Dokument aus der Geschichte Schleswigs.
Der Betrachter blickt von einer vom Zeichner erfundenen Anhöhe südlich von Haddeby nordwärts, so daß die Lage und Struktur der Stadt wie aus der Vogelperspektive sichtbar sind. Trotz mancher Unstimmigkeiten in der Darstellung besitzt das Blatt als Quelle für die Topographie der Schleistadt hohen Wert: Erstmals im Bild dokumentiert werden das Wehr, mit dem das Haddebyer Noor gegen die Schlei abgegrenzt war, die Reste des Danewerks, die Kirche von Haddeby, die noch karge Bebauung westlich der Schlei, die Schloßinsel mit Wall, Brücke und dem im Renaissancestil umgestalteten Schloß. Bemerkenswert ist ferner die nahezu freie Landschaft zwischen Burgsee und Altstadt, wo später der Stadtteil Lollfuß entstand. Stark hervorgehoben sind die romanische Rundkirche St. Michael, das Hohe Tor, der Dom und die Trinitatiskirche.
Insgesamt wird das Bild einer Stadt sichtbar, die ihr mittelalterliches Gesicht bereits weitgehend verloren hat.

HOLGER RÜDEL

SCHLESWIG

Nordeuropas älteste Stadt

Christians

Eines der eindrucksvollsten Monumente aus der Umgebung Haithabus: der Runenstein für den gefallenen Krieger Skarthe. Der Gedenkstein befindet sich jetzt aus Gründen des Denkmalschutzes im Wikinger-Museum.

Von Haithabu bis heute – Stationen einer tausendjährigen Geschichte

«Schleswig ist eine sehr große Stadt am äußersten Ende des Weltmeeres.» So beginnt die Erzählung des arabischen Kaufmanns At-Tartuschi über seinen Besuch in der Siedlung an der Schlei vor gut 1000 Jahren.

Wer den Schauplatz dieses frühesten Schleswig-Reiseberichtes aufsuchen möchte, muß vor die Tore der Stadt gehen. Denn nicht innerhalb der heutigen Stadtgrenzen, sondern am Südufer der Schlei, gegenüber der Schleswiger Altstadt, lag jener von At-Tartuschi beschriebene Ort, der unter dem skandinavischen Namen Haithabu bekannt wurde und in die Geschichte einging. Bereits 804 wurde die Siedlung am Haddebyer Noor, einer überschaubaren Bucht der Schlei, in den Fränkischen Reichsannalen erwähnt. Im Schnittpunkt von weitreichenden Verkehrs- und Handelsverbindungen auch militärstrategisch ideal auf der Landenge zwischen Nord- und Ostsee gelegen, konnte sich Haithabu im Grenzgebiet zwischen Dänen, Friesen, Sachsen und Slawen zum wichtigsten Handels-, Hafen- und Handwerksplatz Nordeuropas in der Wikingerzeit entwickeln.

Kaufleute aus vielen Ländern trafen sich hier: neben Händlern aus Skandinavien, Rußland, dem Baltikum, England, Frankreich und Spanien vor allem Sachsen und Franken sowie Friesen aus dem Rheinmündungsgebiet. Schnelle Schiffe transportierten die Waren über große Entfernungen aus fast allen Gegenden der damals bekannten Welt nach Haithabu. In dieser Metropole des Nordens blühte auch der Sklavenhandel, denn die Wikinger, vom 9. bis 10. Jahrhundert in ganz Europa als «Salzwasserbanditen» gefürchtet, machten auf ihren Eroberungszügen reichlich menschliche Beute.

In seiner Blütezeit hatte Haithabu eine größere Ausdehnung als das damalige Köln. Etwa 1000 Menschen lebten hier auf einem Areal von 24 Hektar, umgeben und geschützt von einem mächtigen, halbkreisförmigen Be-

festigungswall, der die Jahrhunderte überdauerte und noch heute eindrucksvoll die einstige Bedeutung dieses für damalige Verhältnisse großstädtischen Ortes belegt.
Die Attraktivität der Siedlung rief zahlreiche Eroberer auf den Plan. Runensteine, die in der Nähe Haithabus gefunden wurden, liefern Hinweise auf erbitterte Kämpfe um den Besitz der Stadt. Zerstörungen im Jahr 1050 und slawische Überfälle 1066 brachten das Ende: Haithabu wurde von den meisten seiner Bewohner endgültig verlassen und geriet danach nahezu vollständig in Vergessenheit. Erst die archäologischen Untersuchungen des 20. Jahrhunderts, 1900 begonnen und als Großprojekt des Archäologischen Landesmuseums mit internationaler wissenschaftlicher Beteiligung seit den 60er Jahren forciert, brachten Licht in das Dunkel der Geschichte. Obwohl bislang erst etwa 5 Prozent der besiedelten Fläche von Haithabu archäologisch erforscht werden konnten, vermitteln die bisherigen Fundmaterialien und Grabungsergebnisse bereits ein überraschend plastisches Bild von der Struktur der Siedlung und den Lebensgewohnheiten ihrer Bewohner.
Mit vielen Funden, Modellen und Rekonstruktionen informiert das moderne «Wikinger Museum Haithabu» umfassend über die Fragen und Ergebnisse der Haithabu-Forschung. Die sechs Museumsgebäude erinnern architektonisch an wikingerzeitliche Bootshäuser und fügen sich harmonisch in die Landschaft am Haddebyer Noor ein. Ein Kriegsschiff der Wikinger, 1953 entdeckt und

Blick vom nördlichen Halbkreiswall auf das Gelände von Haithabu. Vor 1000 Jahren pulsierte hier das Leben der ältesten Stadt im Norden Europas.

In weitem Bogen umschließt der rund 1300 Meter lange Wall festungsartig die ehemalige Wikingersiedlung.

**Das «Wikinger Museum Haithabu» –
Schaufenster einer frühmittelalterlichen Stadt**

**Erinnerung an Haithabus Vergangenheit
als große Hafenstadt: der Nachbau
eines Wikingerbootes auf dem Haddebyer Noor**

1979 in vielen Einzelteilen mühevoll aus dem ehemaligen Hafen von Haithabu geborgen, stellt zweifellos die Hauptattraktion des Museums dar. Die Besucher können miterleben, wie ein Bootsbauer das fast 30 Meter lange schlanke Schiff wieder zusammenfügt – eine schwierige, zeitraubende Puzzlearbeit, da die vielen fehlenden Originalteile rekonstruiert werden müssen. Ebenso eindrucksvolle Ausstellungsstücke sind die vier sagenumrankten Runensteine, die in der Nähe Haithabus gefunden wurden. Als berühmtester gilt der Skarthestein aus dem späten 10. Jahrhundert. Seine Inschrift lautet: «König Sven setzte den Stein für Skarthe, seinen Gefolgsmann, der nach Westen gezogen war, nun aber fiel bei Haithabu». Mit Sven ist wahrscheinlich der dänische König Sven Gabelbart gemeint, der von 985 bis 1014 regierte und Haithabu eroberte. Ursprünglich stand der Skarthestein in Busdorf, zwei Kilometer von Haithabu entfernt. Zum Leidwesen der Busdorfer wurde ihre weithin bekannte Sehenswürdigkeit Mitte der 80er Jahre in das Haithabu-Museum transportiert und durch eine Kopie ersetzt.

Nicht nur die spektakulären Stücke sind es, die den Erlebniswert des Museums ausmachen. Besonders informativ, auch für Nicht-Fachleute, ist die Darstellung von Themen aus dem Alltagsleben der Wikinger wie Handwerk und Handel, Haushalt und Wohnen, Ernährung, Bekleidung und Schmuck, Religion und Bestattungssitten.

Kinder dürften ihren Spaß vor allem an den

ausgestellten Spielsteinen und Schlittschuhen aus Knochen haben, die zeigen, daß schon die kleinen Haithabu-Bewohner mit Spielzeug aufwuchsen. Das Programm des Haithabu-Museums wird abgerundet durch sehenswerte Filme über die spannende Welt der Wikinger.

Es war ein glücklicher Gedanke der Museumsplaner, das Wikinger-Museum in unmittelbarer Nähe der historischen Stätte zu errichten. So gelangt man nach dem Rundgang durch den Gebäudekomplex bereits nach wenigen Metern zu dem hohen Schutzwall, der das Gelände der ehemaligen Hafen- und Handelsmetropole umschließt, und kann seiner Vorstellungskraft bei einer Wanderung auf den Spuren der Wikinger freien Lauf lassen.

An die wikingerzeitliche Vergangenheit Schleswigs erinnern auch die Wikingertage, ein großes Stadt- und Volksfest, das seit 1986 alle zwei Jahre im Sommer veranstaltet wird und über die Landesgrenzen hinaus viele tausend Besucher anzieht. Höhepunkt sind die Darbietungen der Freizeit-Wikingergruppe um den Schleswiger Harm Paulsen, dem es darum geht, die Wikinger so zu zeigen, wie sie waren: nicht nur Krieger und Kämpfer, sondern auch Händler und Handwerker, Schiffsbauer und Seefahrer.

Selbstbewußt bezeichnet sich Schleswig heute als die älteste Stadt Nordeuropas und beruft sich dabei auf die erste schriftliche Erwähnung im Jahre 804. Aber, so ließe sich einwenden, ging Haithabu nicht 1066 zugrunde, und entstand das jetzige Schleswig nicht an

Bei den Wikingertagen zu bewundern: eine nachgebaute Streitaxt mit reichem Ornament

Die Wikingertage lassen die Welt der Nordmänner lebendig werden. Der Markt der Neuzeit-Wikinger steht dabei stets im Mittelpunkt.

«Die Wikinger konnten nicht nur hervorragend kämpfen, sondern vollbrachten auch auf vielen anderen Gebieten Höchstleistungen», erklärt Harm Paulsen, Schleswigs «Wikingerfürst», hier in der originalgetreuen Ausrüstung eines Kriegers.

anderer Stelle, auf dem Nordufer der Schlei, dort, wo heute Altstadt und Dom liegen? Diese Argumentation wirkt plausibel. Dennoch: die Schleswiger sind im Recht, wenn sie sich auf die Tradition Haithabus berufen. Denn die Rolle der Wikingersiedlung als Fernhandelsplatz und Wirtschaftszentrum ging nach dem Untergang Haithabus auf die neue Siedlung am anderen Schleiufer über. In der Nachfolge Haithabus erlebte Schleswig im Mittelalter allerdings nur eine kurze Blüte. Schon im ausgehenden 12. Jahrhundert und endgültig um die Mitte des 13. Jahrhunderts verlor die Schleistadt ihren Rang als Handelsmetropole an Lübeck: Der neue Schiffstyp, die Kogge, erwies sich für die verflachende Schlei wie für die Flußverbindungen zur Nordsee als zu breit und zu tiefgehend, so daß sich der Ost-West-Handel zunehmend auf Elbe und Trave verlagerte. Schleswig sah sich gezwungen, seinen Handel fortan auf das Umland zu konzentrieren.

Nur wenige, dafür um so bedeutendere Zeugnisse des Mittelalters sind in Schleswig erhalten geblieben.

Das stattlichste und bedeutendste mittelalterliche Baudenkmal Schleswigs, der St.-Petri-Dom, wurde wahrscheinlich bereits vor 1134, seiner frühesten schriftlichen Erwähnung, begonnen und steht in der Nachfolge der ersten Bischofskirche des 10. Jahrhunderts, die sich vermutlich in Haithabu befand. Ursprünglich eine dreischiffige, flachgedeckte Pfeilerbasilika, wurde der Dom zwischen dem 13. und 15. Jahrhundert zu einer goti-

«Du,vertreibe mir den Tyrannen der Welt und rufe zurück die Frommen» lautet die Inschrift im Tympanon.

Das Petri-Portal des Doms – eindrucksvolles Zeugnis romanischer Baukunst

schen Hallenkirche umgebaut. Aus der romanischen Bauperiode des Doms finden sich bemerkenswerte Relikte. Dazu zählen die aus Granit gehauenen, löwenähnlichen Skulpturen am Südquerhaus, am nördlichen Chorturm und an der Kanonikersakristei, vor allem aber das prächtige Petri-Portal am Südschiff, ein sechssäuliges Portal aus Granit, rheinischem Tuff, gotländischem Kalkstein und rotem Sandstein. Das verwitterte Tympanon (um 1180) verdient besondere Beachtung. Es zeigt den thronenden Christus, umgeben von den Evangelistensymbolen. Ihm nähert sich von links Petrus, dem Christus den Schlüssel übergibt. Daneben steht außen ein König, vermutlich Waldemar I., mit einem doppeltürmigen Modell des Doms in der Hand, das in dieser Form wohl nicht verwirklicht wurde.

Bevor wir uns der Innenausstattung des Doms zuwenden – dies soll an anderer Stelle ausführlich geschehen –, zurück zum Gang durch die Historie. Zentrale Ereignisse in der mittelalterlichen Geschichte Nordeuropas

Aus der frühesten Zeit des Schleswiger Doms stammt dieses Löwenrelief.

sind mit dem Dom verbunden. Das glanzvollste war sicher das Krönungsfest Waldemars III. am 24. Juni 1218, eine Demonstration königlicher Macht und Pracht. 15 Bischöfe, je drei Herzöge und Grafen sowie mehrere Äbte und viele andere Größen des dänischen Reiches kamen aus diesem Anlaß in der Stadt zusammen. Aber auch die Nachricht über einen Königsmord steht mit der Bischofskirche in Verbindung: In unmittelbarer Nähe des Doms erschlugen im Jahre 1134 Mitglieder der einflußreichen Knudsgilde, der Gilde der Schleswiger Kaufleute, den dänischen König Niels. Mit dieser Bluttat rächten sie den drei Jahre zuvor begangenen, von Niels mitverantworteten Mord an dem populären königlichen Statthalter Knud Laward, dem Namensgeber der Gilde, Förderer der Stadt und Begründer des Herzogtums Schleswig. Gut 100 Jahre später ereignete sich ein zweiter Königsmord: 1250 ließ der mißgünstige Herzog Abel seinen Bruder, den dänischen König Erich Plogpenning, in Schleswig festnehmen und in einem Boot bei Missunde auf der Schlei umbringen. Von der Jürgensburg, der herzoglichen Burg auf der Möweninsel vor Schleswig, trat Erich die verhängnisvolle Schleifahrt an, von der er nicht wiederkehrte. Die Burg auf der Möweninsel, bereits im ältesten Schleswiger Stadtrecht als Standort eines «castellums» erwähnt, bietet den Bewohnern der Stadt seitdem reichlich Stoff für Legenden. Noch immer erzählt man sich die unheimliche Geschichte vom geheimen Gang, der unter der Schlei von der Möweninsel zur Altstadt führt, oder die Sage von der gelben Blume, die ihrem Besitzer die Türen eines alle hundert Jahre für eine Nacht wieder auferstehenden Inselschlosses öffnet.

Der endgültige Beweis für die Existenz der Jürgensburg steht allerdings noch aus. Während kurzer archäologischer Untersuchungen im Jahre 1950 wurden keine Fundamente freigelegt. Nur das Schleswiger Stadtwappen und die bei extremem Niedrigwasser erkennbaren Reste einer Brücke zwischen der Insel und dem Festland erinnern heute an das einstige herzogliche Bollwerk.

Greifbarer als die Burg der Herzöge sind die Reste der königlichen Residenz im Zentrum der Altstadt. Erst vor wenigen Jahren wurden sie im Zuge großangelegter archäologischer Untersuchungen entdeckt, mächtige Feldsteinmauern, von Wissenschaftlern als Funda-

Auf den Fundamenten des dänischen Königshofes errichtet: das Graukloster mit dem klassizistischen Rathaus

mentteile des dänischen Königshofes aus der Mitte des 12. Jahrhunderts gedeutet. 1234 errichteten die Franziskaner auf den Fragmenten der Pfalz ein stattliches Kloster, das die Schleswiger wegen der grauen Kutten der Mönche seit alters her als Graukloster bezeichnen, ein Bauwerk besonderer Qualität: An keiner Stelle in Nordeuropa findet sich eine derart gut erhaltene Anlage der Franziskaner. Erst spät erkannten die Stadtväter den Wert dieses architektonischen Kleinods. Noch zu Beginn der 1960er Jahre wurden Teile der historischen Bausubstanz abgebrochen. Im Rahmen der Sanierung der Schleswiger Altstadt ging man 20 Jahre später allerdings wesentlich behutsamer mit dem Kloster um: Nach umfangreichen Umbau- und Restaurierungsarbeiten entstanden 1983 aus den klösterlichen Räumen in einer gelungenen Synthese von Alt und Neu als Teil des angrenzenden Rathauses Büros und Besprechungszimmer für die städtische Verwaltung. Eine

Bei der Restaurierung des Grauklosters wurde dieses Wandbild entdeckt.

Der Innenhof des St.-Johannis-Klosters

Hüterinnen jahrhundertealter Tradition: die letzten adligen Bewohnerinnen des St.-Johannis-Klosters

Besichtigung des Grauklosters sollte bei einem Schleswig-Besuch ganz oben auf dem Programm stehen.
Neben Dom und Graukloster gab es in der Bischofsstadt Schleswig im Mittelalter eine Reihe weiterer Kirchen und Klöster. Einige sind bereits bald nach ihrer Erbauung, andere im Laufe der Reformation untergegangen. Das St.-Johannis-Kloster, vermutlich zwischen 1200 und 1230 am Ort einer älteren Pfarrkirche gegründet, überdauerte allerdings die Reformation: Ursprünglich ein Benediktinerinnenkloster, dient der Bau seit dem 16. Jahrhundert als Domizil für die unverheirateten Töchter aus dem schleswig-holsteinischen Adel. Bis weit in das 20. Jahrhundert hinein blieb das Wohnen der Konventualinnen im Kloster die Regel. Heute sind es nur noch zwei adlige Damen, die ihr kostenloses Wohnrecht in dem stimmungsvollen Stift nutzen. Die anderen haben sich beruflich engagiert und leben außerhalb Schleswigs. Doch sie behalten ihr Wohnrecht im Kloster, mit dem sie sich weiterhin identifizieren.
Der Klosterkomplex gilt als der besterhaltene im Lande. Nicht nur wegen des sehenswerten Interieurs von Kloster und Kirche mit seltenen Ausstattungsstücken sollte man diesen Punkt der Stadt aufsuchen. Allein der malerische Gesamteindruck der parkähnlichen Klosteranlage mit schönem Baumbestand direkt an der Schlei lohnt einen Besuch. Besonders stolz ist das Kloster übrigens auf seine Verbindung zu Johann Wolfgang von Goethe, die über die von 1864 bis 1875 amtierende Priorin

Ulrike von Pogwisch zustande kam. Ihre Schwester Ottilie war mit August von Goethe, dem einzigen Sohn des Dichters, verheiratet. Klassizistische Leuchter und das Tafelsilber aus dem Hause Goethes gelangten dadurch in den Besitz des Klosters.

Das Jahr 1544 markiert eine entscheidende Zäsur in der Geschichte Schleswigs: Im Zuge der Teilung des Landes unter die drei Söhne des dänischen Königs Friedrich I. wurde Adolf (1526–1586) Landesherr des Territorialfürstentums Schleswig-Holstein-Gottorf. Er war Begründer einer herzoglichen Linie, die ihre Hauptresidenz Schloß Gottorf im 17. Jahrhundert zu einem geistigen und kulturellen Zentrum mit einer weit über die Grenzen Schleswig-Holsteins hinausreichenden Ausstrahlungskraft werden ließ. Dabei entwikkelte sich das Gottorfer Schloß von einer bescheidenen Wasserburg auf einer Insel im innersten Winkel der Schlei zum größten und prächtigsten Fürstenschloß im Lande. Unter Friedrich III. (1597–1659) erreichte die höfische Glanzzeit ihren Höhepunkt. Dieser wohl bedeutendste Gottorfer Herzog beschäftigte nicht nur berühmte europäische Künstler und Kunsthandwerker, deren Werke zum Teil noch jetzt in Schleswig zu bewundern sind, sondern war auch auf anderen Gebieten ein engagierter, weitsichtiger Förderer von Wissenschaft und Kultur: Er betrieb eine umfangreiche Bibliothek sowie ein eigenes Orchester und Theater und richtete eine Kunstkammer ein, die mit ihren vielseitigen Sammlungen – von völkerkundlichen An-

Detail einer Endwange des frühgotischen Nonnenchorgestühls im Remter des St.-Johannis-Klosters

Schloß Gottorf wurde in seiner langen Geschichte oftmals umgebaut. Die mächtige Schaufront, der Südflügel, entstand um 1700 unter Friedrich IV., dem letzten auf Gottorf residierenden Herzog.

schauungsobjekten, wissenschaftlichen Instrumenten, Münzen und Uhren bis zu orientalischen Handschriften – in gewissem Sinne als Vorgängerin des heutigen Landesmuseums anzusehen ist. Friedrich III. ließ außerdem nördlich des Burgsees das berühmte Neuwerk anlegen, den lediglich in Resten erhaltenen großzügigen Barockpark mit einem überdimensionalen Globus – einem technischen Wunderwerk der Zeit –, Lusthäusern, Terrassen, Teichen, Wasserspielen und seltenen Pflanzen und Tieren.

Die Gottorfer Herzöge waren als Landesherren ihres Fürstentums gleichzeitig auch die Herren der Stadt Schleswig. Diese Personalunion hatte aus städtischer Sicht zweifellos

Nachteile: Schleswig blieb die Entwicklung zur unabhängigen Stadtrepublik versagt. Andererseits profitierte Schleswig von der Blüte des Gottorfer Hofes in besonderem Maße: Repräsentative Bauten wohlhabender Hofbeamter entstanden in der Altstadt und in den neuen Ansiedlungen Friedrichsberg und Lollfuß in der Nähe des Schlosses. Diese Ortschaften wurden 1711 mit der Altstadt zur «combinirten» Stadt Schleswig zusammengefaßt – ein weiteres markantes Datum in der Stadtgeschichte.

Herzog Friedrich III.

Der Gottorfer Hofmaler Jürgen Ovens (1623–1678)

Antentempel und Kaskade hinter Schloß Gottorf, bescheidene Reste des großartigen Barockparks

Das Wappen des dänischen Königs Friedrich I. an seinem Grabmal im Dom

Einst herzogliches Gästehaus, heute Städtisches Museum – der Günderothsche Hof

Das Prinzenpalais – großzügiges Domizil des Schleswig-Holsteinischen Landesarchivs

Es lohnt sich, die stattlichen Bauten der herzoglichen Bediensteten, die Schleswig ein neues Gepräge gaben, bei einem Rundgang kennenzulernen. Im südlich gelegenen Friedrichsberg dominieren zwei herrschaftliche Häuser: Mit seinem roten Anstrich ist der Günderothsche Hof, der prächtigste unter den erhaltenen Schleswiger Adelshöfen des 17./18. Jahrhunderts, sicher schon farblich am auffälligsten. Der Hauptbau des Anwesens wurde um 1634 als herzogliches Gästehaus errichtet, später von verschiedenen adligen Familien bewohnt. Der Hof erhielt seinen geschlossenen Charakter durch das zur Friedrichstraße gelegene Torhaus (1675) mit Seitenflügeln und die zwei aus dem 18. Jahrhundert stammenden Fachwerkbauten, die das Haupthaus flankieren. Besonders sehenswert ist die repräsentative Eingangshalle des Hauptgebäudes mit einer in dieser Form seltenen spätbarocken Treppenanlage. Seit 1932 beherbergt der Günderothsche Hof das Städtische Museum. Schräg gegenüber, an der Gottorfstraße, liegt das Prinzenpalais, erbaut zu Beginn des 18. Jahrhunderts von einem Präsidenten der Gottorfer Regierung und benannt nach dem königlich-dänischen Statthalter Prinz Friedrich von Noer, der die eindrucksvolle dreiflügelige Anlage Mitte des 19. Jahrhunderts bewohnte. Nach aufwendiger Restaurierung und langjährigem Umbau präsentiert sich das Prinzenpalais heute als stilvoller Sitz des Schleswig-Holsteinischen Landesarchivs.

Auf dem Weg zur Altstadt stoßen wir auf das

Ein auffallender Akzent im Stadtbild: das Präsidentenkloster

Ein spätbarocker Prachtbau: das Bürgerhaus Lange Straße Nr. 9

sogenannte Präsidentenkloster, ein Kleinod inmitten moderner Bebauung. Der gottorfische Kanzler Adolf von Kielmannseck ließ die langgestreckte, eingeschossige Anlage 1656 als Armenstift errichten. In der Kapelle, die besichtigt werden kann, beeindrucken ein schöner spätgotischer Altar und eine barocke Schrankorgel. In einem Teil des Präsidentenklosters sind jetzt die Ostdeutschen Heimatstuben untergebracht.

In der Altstadt erinnern vor allem zwei Häuser am Gallberg an die Glanzzeit der herzoglichen Residenz: Nr. 3, 1663 von dem Gottorfer Kellermeister Freins in vornehmer Schlichtheit erbaut, und Nr. 4, 1664 für den herzoglichen Kammerdiener Schmieden errichtet.

Das imponierendste Bürgerhaus der Altstadt, das reich gegliederte spätbarocke Gebäude

Landgraf Carl von Hessen, von 1768 bis 1836 königlich-dänischer Statthalter auf Schloß Gottorf

Lange Straße Nr. 9, entstand 1735 – zu einem Zeitpunkt, als Schleswig bereits nur noch eine bescheidene Rolle als regionales Zentrum ausübte. Dieser Bedeutungsverlust der Stadt resultierte aus dem außenpolitischen Vabanquespiel des Gottorfer Fürstentums, das sich im Nordischen Krieg vergeblich auf der Seite Schwedens engagiert hatte und 1713 kurzerhand von der Siegermacht Dänemark in Besitz genommen war. Nicht mehr die Gottorfer Herzöge, sondern Statthalter des dänischen Königs bewohnten seitdem das Schloß, beaufsichtigten die gesamte Verwaltung in Schleswig-Holstein und bestimmten auch die Geschicke der Stadt Schleswig.

Unter diesen Vertretern der dänischen Krone ragt Landgraf Carl von Hessen, ein Schwager des Königs, als markanteste Persönlichkeit hervor, eine volkstümliche, wegen seiner alchimistischen und mystischen Neigungen aber auch etwas skurrile Gestalt. In seine Amtszeit von 1768 bis 1836 fielen Maßnahmen, die das Gesicht und die Struktur der Stadt zum Teil nachhaltig prägten: die Errichtung einer «Irrenanstalt» (heute Landeskrankenhaus) vor allem, dann der Bau des klassizistischen Rathauses und anderer ansehnlicher Gebäude, zu denen der schöne Plessenhof zählt, ferner die Neugründung des Gottorfer Hoftheaters und schließlich die Eröffnung einer Fayencemanufaktur, die erste in ganz Schleswig-Holstein. Unter «Carl Landgraf», wie die Bevölkerung ihn nannte, erlebte Schleswig eine Periode bescheidenen Wohlstands in vergleichsweise ruhigen Verhältnissen.

Ein kunstvoller Tafelaufsatz aus der Schleswiger Fayence-manufaktur

Der Altbau des Landeskrankenhauses, 1817 bis 1820 nach Plänen des klassizistischen Baumeisters C. F. Hansen errichtet

Der vornehme Plessenhof gegenüber dem Dom – heute städtisches Gästehaus, Touristinformation und Stadtarchiv

Der Tod des Landgrafen im Jahre 1836 fiel in eine Zeit, in der liberale, später auch nationale Gedanken zunehmend an Boden gewannen und den bis dahin absolutistisch regierten dänischen Gesamtstaat zu bedrohen schienen. Mit einer Justiz- und Verwaltungsreform und der Wahl von getrennten Parlamenten für die beiden Herzogtümer hoffte König Friedrich VI., diese Bewegung eindämmen zu können. Schleswig wurde im Zuge dieser Maßnahmen Sitz einer Königlichen Schleswig-Holsteinigen Regierung auf Schloß Gottorf und des neuen Parlaments, der Ständeversammlung für das Herzogtum Schleswig, die am 11. April 1836 erstmalig im Rathaus der Stadt zusammentrat.

Seit 1842 gewannen nationale Ideen nicht nur in der Ständeversammlung, sondern auch in der Bevölkerung immer mehr Auftrieb und führten zu einer Spaltung in eine deutsche und eine dänische Bewegung. Zu einer machtvollen Manifestation der deutschen Bestrebungen entwickelte sich das große schleswig-holsteinische Sängerfest, das am 24. Juli 1844 in Schleswig stattfand. Zum ersten Mal erklang hier das Schleswig-Holstein-Lied, das Kampflied der deutsch-nationalen Bewegung, und erstmals tauchte auch ein neues Banner in den Farben Blau-Weiß-Rot auf, den späteren offiziellen Landesfarben. 1845 wurde die Trikolore der deutschgesinnten Schleswig-Holsteiner von der Regierung verboten. Nicht zu Unrecht sahen die Machthaber in der Fahne das Symbol einer gefährlichen politischen Bewegung.

Oben: Feier zum 150jährigen Bestehen des Gesangvereins von 1839

Festhalten am Althergebrachten: Schützenbruder mit blau-weiß-roter Fahne

Als der dänische König Christian VIII. am 8. Juli 1846 den Selbständigkeitsbestrebungen in den Herzogtümern mit seinem berühmten «Offenen Brief» entgegenzuwirken versuchte und Schleswig einen mit der Monarchie «unzertrennlich verbundenen Landesteil» nannte, brach ein Sturm der Entrüstung los, der nicht nur ganz Schleswig-Holstein, sondern weite Teile Deutschlands erfaßte. Die schleswig-holsteinische Frage war zu einem gesamtdeutschen Nationalproblem geworden.

Im europäischen Revolutionsjahr 1848 eskalierte der Konflikt: Die Herzogtümer sagten sich von Dänemark los, proklamierten den Anschluß an die deutsche Einheitsbewegung und suchten – mit anfänglicher Unterstützung des Deutschen Bundes – die Entscheidung im Waffengang. Die politische und militärische Entwicklung der schleswig-holsteinischen Erhebung rückte die Schleistadt in den Brennpunkt der Auseinandersetzung: Die revolutionäre Landesregierung, mit dem Schleswiger Wilhelm Hartwig Beseler an der Spitze, nahm ihren Sitz auf Schloß Gottorf, und im Ständesaal des Rathauses tagten die Landesversammlungen. In den südlichen Außenbezirken der Stadt entwickelten sich Ostern 1848 die ersten großen Kampfhandlungen des Krieges. Auch die überaus blutige Schlacht bei Idstedt am 25. Juli 1850, bei der die schleswig-holsteinische Armee eine kriegsentscheidende Niederlage erlitt, wurde in unmittelbarer Nähe Schleswigs ausgetragen.

Kugelkanone der schleswig-holsteinischen Armee vor der Idstedt-Gedächtnishalle

Seit 1852 waren die Herzogtümer wieder in dänischem Besitz. Die Stadt Schleswig verlor zur Strafe für ihr «abtrünniges» Verhalten den Rang als Landeshauptstadt an Flensburg. 1863 spitzte sich der Schleswig-Holstein-Konflikt erneut zu und mündete Anfang 1864 in einen zweiten Krieg um die nationale Zukunft der Herzogtümer. Gemeinsam mit österreichischen Truppen zwang Preußen, ausgerechnet jene Macht, die Schleswig-Holstein während der Erhebung im Stich gelassen hatte, die Dänen zum Rückzug aus der stark ausgebauten Verteidigungsstellung bei Schleswig und schließlich zur Preisgabe des gesamten Landes.

Viele Einwohner Schleswig-Holsteins und der Stadt Schleswig empfanden das Ende der Zugehörigkeit zum dänischen Gesamtstaat als Befreiung, manche indes als Beginn einer neuen unerwünschten Herrschaftsperiode. Preußen unternahm wenig, um die Kritiker seiner Politik zu beschwichtigen, im Gegenteil: Ohne Rücksicht auf die wieder aufge-

Gußeiserne Grabkreuze auf dem Friedrichsberger Friedhof erinnern an die Opfer des ersten schleswig-holsteinischen Krieges.

flammten Selbständigkeitsbestrebungen im Lande ließ Bismarck die Herzogtümer im Januar 1867 als Provinz in die preußische Monarchie einverleiben.
Die Schleswiger arrangierten sich allerdings recht schnell mit den neuen Machthabern: Als sich am 24. Januar 1867 500 Bürger zur Feier der Annexion im Ständesaal des Rathauses versammelten, erklärten sie in einer Ergebenheitsadresse an den preußischen König: «So sind wir denn für alle Zeit preußisch und deutsch.» Stolz konnten die Preußenfreunde darauf verweisen, daß Schleswig als neue Provinzhauptstadt wieder in den Rang einer politischen Metropole im Lande aufgerückt war. Und nicht nur das: In der wilhelminischen Ära erhielt Schleswig den noch heute

gültigen Charakter als Garnison- und Behördenstadt. Zahlreiche offizielle Bauten aus den Jahren nach 1867 erinnern an diese vom preußisch-deutschen Enthusiasmus bestimmte Entwicklung.
Der neugotische Hauptturm des St.-Petri-Doms symbolisiert das Streben nach nationaler Größe am auffallendsten. Die glanzvolle

Die Giebelseite des 1794 errichteten klassizistischen Rathauses

Einweihung fand am 25. Oktober 1894 in Anwesenheit der Kaiserin statt. «Unverrückbar wie unser Dom im Erdengrund», erklärte Schleswigs Bürgermeister in seiner Ansprache, «so wurzelt in unseren Herzen die Treue zu unserem Herrscherhause.» Allerdings – die demonstrative Größe des mit 112 Metern allzu hoch geratenen Domturms gab schon den Zeitgenossen Anlaß zu Bedenken. Die Gemüter erhitzten sich aber vollends an einem weiteren symbolträchtigen Bauwerk, dem 1879 fertiggestellten Regierungsgebäude in unmittelbarer Nachbarschaft zu Schloß Gottorf. Der monumentale Palast wirkt im Stadtbild wie ein Fremdkörper. «Roter Ele-

Der Ständesaal im Rathaus – einst Schauplatz des nationalen Konflikts, heute Tagungsort des Stadtparlaments

Das Wohn- und Verwaltungsviertel Neustadt wurde in den 20er Jahren nach einem Konzept des Stadtbaurates Julius Petersen errichtet.

fant» heißt der Verwaltungsbau deshalb treffend im Volksmund.

In der Ära der Weimarer Republik hatten Schleswigs Architekten und Stadtplaner eine glücklichere Hand: In den 20er Jahren entstand nordwestlich der Altstadt die Beamtensiedlung Neustadt, ein harmonisch in Grünanlagen eingebettetes Viertel mit gelungenen Backsteinbauten im Stil der Zeit, der erste nach einem klaren Plan gestaltete Stadtteil.

In den Jahrzehnten zwischen 1867 und 1945 sind in Schleswig keine spektakulären politischen Ereignisse zu registrieren. Das soll nicht etwa heißen, daß der Kriegsausbruch 1914, die Revolution 1918, der Kapp-Putsch 1920 und der Machtantritt der Nationalsozialisten 1933 nicht auch in Schleswig zum Teil blutige Spuren hinterlassen hätten. Aber obwohl die Stadt bis 1945 weiterhin Sitz der preußischen Provinzialregierung war, hatte sich das Schwergewicht der politischen Entwicklung im Lande doch zunehmend nach Kiel verlagert. Dies mag 1945/46 der Grund für die Entscheidung der britischen Besatzungsmacht gewesen sein, die Landesregierung aus Schleswig abzuziehen und an die Kieler Förde zu verlegen. Als Ausgleich für den Verlust dieser Zentralfunktion erhielt Schleswig die schleswig-holsteinischen Obergerichte, die in das ehemalige Regierungsgebäude einzogen. Ferner wurden die Landesmuseen und das Landesarchiv von Kiel in das Schloß Gottorf verlegt. Schleswig blieb damit nicht nur Verwaltungsmittelpunkt in Schleswig-Holstein, sondern entwickelte sich nach 1945 langsam, aber stetig auch zum Kulturzentrum des Nordens.

Ein neuer Abschnitt in der über tausendjährigen wechselvollen Geschichte der Stadt begann.

Schleswigs «roter Elefant»

Schloß Gottorf – Schleswig-Holsteins kultureller Mittelpunkt

Schloß Gottorf – Sitz der Landesmuseen

«Der Reisende, der von Süden kommt, ist gewöhnlich entzückt über die reizende Lage Schleswigs, das sich hufeisenförmig um die Schlei ausbreitet und von sanft ansteigenden Höhen eingeschlossen ist, auf denen zum Teil die prächtigsten Buchenwaldungen stehen . . . Stille ist hier, Behagen, Sauberkeit, dazu jener romantisch-historische Ton, den alte Städte immer zu haben pflegen.» Mit diesen Worten beschrieb Theodor Fontane, der 1864 nach Schleswig kam, die Stadt an der Schlei. Waren es zu seiner Zeit nur wenige Einzelbesucher, so zieht es heute jährlich Hunderttausende in die alte Residenzstadt. Das Interesse der Schleswig-Besucher gilt vor allem den Museen und Baudenkmälern mit ihren Kunstschätzen – Sehenswürdigkeiten, die keine andere schleswig-holsteinische Stadt in dieser Konzentration und Qualität vorzuweisen hat.

Der bevorzugte Zielpunkt fast aller Gäste, die in die ehemalige Landeshauptstadt kommen, ist zunächst Schloß Gottorf. Schon von weitem signalisiert es mit seinem vornehmen weißen Anstrich den früheren fürstlichen Charakter.

Eine Besichtigung des weitläufigen Gebäudes gehört zu einem «Muß» bei einem Aufenthalt in Schleswig. Der gute Ruf des Schlosses beruht auf zwei Vorzügen: Gottorf verkörpert den bedeutendsten Profanbau in Schleswig-Holstein und ist gleichzeitig Sitz eines Doppelmuseums, des Archäologischen Landesmuseums und des Schleswig-Holsteinischen Landesmuseums, zuständig für Kunst und Kulturgeschichte.

Um die üppigen Schausammlungen der beiden zentralen Museen Schleswig-Holsteins wirklich umfassend kennenzulernen, müßte man Tage, wenn nicht Wochen anstrengender Besichtigungen einplanen. Deshalb empfiehlt sich als erste Orientierung ein etwa zweistündiger Rundgang mit einem Halt bei den wichtigsten Abteilungen und Exponaten.

Beginnen wir den Einstieg in die Vergangenheit des Landes an einer der spannendsten Stellen, der in einem Seitengebäude des Schlosses untergebrachten Abteilung des Archäologischen Landesmuseums mit Funden aus der Eisenzeit. Hier, in der Nydamhalle, werden wir zunächst mit dem imponierenden Nydamschiff konfrontiert, so benannt nach seinem Fundort in Nordschleswig. Im 4. Jahrhundert gebaut, ist es das älteste bisher bekannte Hochseeschiff Nordeuropas – nicht zu verwechseln mit den Wikingerschiffen, die rund ein halbes Jahrtausend später aufkamen.

Das Untergeschoß der Nydamhalle wirkt wie eine Grabkammer. In dem nur spärlich beleuchteten Raum liegen hinter dem Glas der Wandvitrinen menschliche Körper, anziehend und abschreckend zugleich: Moorleichen – Menschen, die in der Zeit um Christi Geburt im Moor bestattet wurden. Die besonderen chemischen Bedingungen im Moor konservierten die Toten manchmal so gut, daß ein lebensähnliches Aussehen erhalten blieb. Die Gründe für Bestattungen im Moor liegen im dunkeln. Wahrscheinlich handelt es sich um Tote, deren unheilvolle Wiederkehr gefürchtet wurde: Opfer von Gewaltverbrechen, Hingerichtete und Menschen mit vermeintlich übernatürlichen Kräften. Untersuchungen an den Knochen der im Moor von Windeby bei Eckernförde entdeckten Moorleiche, vermutlich ein 13- bis 14jähriges Mädchen, ergaben aufschlußreiche Hinweise auf die schweren Lebensbedingungen der Ger-

Das Nydamschiff und die Moorleiche von Windeby im Archäologischen Landesmuseum

Von Hans Brüggemann geschaffener Altaraufsatz aus der Eckernförder Goschhof-Kapelle

manen: Das Kind stand in seinem kurzen Leben nicht weniger als elfmal kurz vor dem Hungertod.

Auch in seinen anderen Abteilungen hat das Archäologische Landesmuseum, das zu den ältesten und mit über drei Millionen Fundstücken auch zu den größten Vorgeschichtsmuseen Deutschlands zählt, Sehenswertes zu bieten. Als Institut der Kieler Christian-Albrechts-Universität ist das Museum stets bemüht, «neueste Forschungsergebnisse seines Fachgebietes einem breiten Publikum anschaulich zu präsentieren», wie es in einem Prospekt des Hauses heißt. Leider führt die sicher notwendige fortlaufende Modernisierung der Ausstellungsräume im Hauptgebäude des Schlosses zur Schließung ganzer Abteilungen des Archäologischen Landesmuseums.

Wir setzen unseren Gang durch die Geschichte Schleswig-Holsteins deshalb im kulturhistorischen Landesmuseum fort, das die umfassendste Sammlung der Kunst, Kulturgeschichte und Volkskunde Schleswig-Holsteins vom 12. Jahrhundert bis zur Gegenwart bietet.

Die Gotische Halle, auch als Königshalle bekannt, bildet den Beginn und gleich einen der Höhepunkte der Exkursion. Der kürzlich renovierte zweischiffige Saal mit rundbogigen

Kreuzrippengewölben beherbergte früher die berühmte Kunstkammer Herzog Friedrichs III. Heute bildet die Halle den passenden Rahmen für die Präsentation sakraler Kunst des späten Mittelalters. Unter den Schätzen aus den Kirchen des Landes ragt der um 1534/35 von Hans Brüggemann geschnitzte Altaraufsatz aus der Eckernförder Goschhof-Kapelle besonders heraus.

In einem der anschließenden Räume findet sich ein unscheinbares, gleichwohl hochbedeutendes Zeugnis der Landesgeschichte: die Privilegienlade der Schleswig-Holsteinischen Ritterschaft aus dem Jahre 1504. In diesem Behältnis verwahrte der ritterschaftliche Adel seine verbrieften Rechte wie den berühmten Ripener Vertrag, der als Nachbildung zu sehen ist.

Bei unserer weiteren Reise durch die Kulturgeschichte des Landes durchqueren wir alle vier Flügel des Schlosses. Nur stichworthaft können die thematischen Schwerpunkte des Rundgangs benannt werden: Waffen und Rüstungen, Zunftgerät, Gläser, Silber- und Goldschmiedearbeiten, bäuerliche Volkskunst, Gottorfer Hofleben, Porträts schleswig-holsteinischer Persönlichkeiten, Gobelins, Fayencen aus den Manufakturen des Landes, Landschaftsansichten, Adelskultur im 18. und bürgerliches Wohnen im 19. Jahrhundert, Kunsthandwerk des Empire und Biedermeier sowie schließlich die Kunst des 19. Jahrhunderts.

Nach der Grundsanierung eines großen Teils der Ausstellungsräume präsentieren sich die neueingerichteten Sammlungen des Landes-

Der Hirschsaal diente im 17. Jahrhundert als Fest- und Bankettsaal. Er ist nach der Königshalle der größte Saal im Schloß.

Die Schaufront der Herzoglichen Betstube in der Schloßkirche

museums jetzt prächtiger denn je: Exponate und historisches Ambiente sind wohlgelungen aufeinander abgestimmt. Manchmal fühlt man sich gar in die höfische Glanzzeit des 17. Jahrhunderts zurückversetzt. Diesen Eindruck vermitteln vor allem jene Säle, die ihren ursprünglich fürstlichen Charakter am besten bewahrt haben – der Weiße und der Blaue Saal Friedrichs III. mit schönen barokken Stuckdecken, der Hirschsaal mit Deckengemälden und lebensgroßen Hirschreliefs an den Wänden (um 1600) und vor allem die zweigeschossige Schloßkapelle. Ihr Prunkstück ist die beheizbare, überreich mit Intarsien verzierte Fürstenloge, besser als Herzogliche Betstube bekannt, die sich im Norden über den Kirchenraum spannt und 1609/13 unter Herzog Johann Adolf entstand. Als eine «reichgeschmückte Admiralskajüte im Heck eines Flaggschiffs» wurde dieses wohl eigenartigste Einbaugehäuse der Renaissance in Norddeutschland einmal treffend in einem Reiseführer beschrieben.
In Seitengebäuden des Schlosses, ehemaligen Kavallerieställen aus der zweiten Hälfte des 19. Jahrhunderts, sind Spezialabteilungen des Landesmuseums für Kunst und Kulturgeschichte untergebracht. In einem dieser Gebäude dokumentiert die Volkskundliche Gerätesammlung die Welt der bäuerlichen und handwerklichen Arbeit des 18. bis frühen 20. Jahrhunderts – vielbeachtet zwar, aber auf en-

Die prachtvolle Herzogliche Betstube wurde von den Hoftischlern Andreas Salgen und Jürgen Gower geschaffen.

gem Raum recht gedrängt zur Schau gestellt. Gleich nebenan wirbt der frühere Kreuzstall, großzügig für museale Zwecke hergerichtet, für die Kunst und das Kunsthandwerk des 20. Jahrhunderts. Diese Museumsabteilung widerlegt eindrucksvoll die weitverbreitete Ansicht, daß Schleswig-Holstein in der stürmischen künstlerischen Entwicklung nach 1900 nur ein Nebenschauplatz war. Beispielhafte Werke von im Lande geborenen Malern und Bildhauern wie Emil Nolde, Christian Rohlfs und Ernst Barlach unterstreichen die hervorragende Rolle, die Schleswig-Holstein vor allem bei der Entfaltung des Expressionismus spielte. Doch auch die Mitglieder der Malervereinigung «Brücke» ließen sich von der Ursprünglichkeit der schleswig-holsteinischen Landschaft zu Gemälden von großer Ausdruckskraft inspirieren, wie Arbeiten dieser Künstler im Kreuzstall zeigen. In der benachbarten ehemaligen Reithalle finden die Sonderausstellungen des Landesmuseums statt, darunter manche von internationaler Bedeutung. Vorträge, Konzerte und andere kulturelle Veranstaltungen ergänzen gelegentlich das vielfältige museale Angebot auf der Schloßinsel.

Herausragende Werke der Kunst des 20. Jahrhunderts im Kreuzstall. Skulpturen beleben die Flächen zwischen den Museumsgebäuden.

Sehenswert:

Das Städtische Museum

Peter Hoë (1772–1846), Stifter der im Städtischen Museum untergebrachten wertvollen Hoëschen Bibliothek

In der Friedrichstraße, nur 400 Meter von den Landesmuseen entfernt, liegt das Städtische Museum. Wer sich über die Geschichte und Kultur Schleswigs vom Mittelalter bis zur Gegenwart informieren will, darf an diesem weiteren Eckpfeiler der Schleswiger Museumslandschaft nicht vorübergehen.

Im rotgestrichenen Kerngebäude des Museumskomplexes ist der Großteil der Schausammlungen untergebracht. Am Beginn des Rundgangs durch das Haus veranschaulichen ausgewählte Schleswig-Ansichten der vergangenen Jahrhunderte den Wandel im Stadtbild im Laufe der Zeit. In einem gegenüberliegenden Raum unterrichtet die Dokumentation «Ausgrabungen in Schleswig – ein Forschungsprojekt» mit Fotos, Texten, Plänen und Fundmaterial über erste Ergebnisse der langjährigen Grabungen im Gebiet der Altstadt – ein Forschungsprojekt von überregionaler Bedeutung, das eine direkte Fortsetzung der in Haithabu durchgeführten archäologischen Untersuchungen darstellt. Kostbare Fayencen aus Schleswig bilden einen weiteren Ausstellungsschwerpunkt im Haupthaus. Die Produktion der Schleswiger Manufaktur erstreckte sich von Fliesen bis zu figürlichem Tischschmuck. Weitere Räume dokumentieren die Geschichte der Fischersiedlung Holm sowie die Stadtentwicklung des 19. und 20. Jahrhunderts. Einer umfangreichen Spielzeugsammlung, zusammengetragen von einem Schleswiger Kinderarzt, ist eine Sonderabteilung im neu ausgebauten Dachgeschoß gewidmet. Sie zeigt vom Teddybär bis zum Schaukelpferd nahezu alles, wo-

Oldtimerschau im Hof
des Städtischen
Museums

Handgeschnitzte
Figuren für ein
Kasperltheater:
Raritäten
aus der Spielzeug-
sammlung

Der Maler und Grafiker
Gerhart Bettermann

Maschinensatz auf der Linotype
in der Historischen Druckerei

mit Kinder um die Jahrhundertwende gespielt haben. Bilder mit Kindermotiven bekannter Maler des Landes runden diese in Schleswig-Holstein wohl einmalige Sammlung ab. Im Stall, einem früher als Pferdestall genutzten Fachwerkseitenflügel des Museums-Haupthauses, sind im Obergeschoß Arbeiten von Malern und Bildhauern ausgestellt, die in Schleswig gelebt oder gewirkt haben und von denen manche weit über die Grenzen ihrer Heimatstadt hinaus bekannt wurden: Asmus Jakob Carstens (1754–1798) vor allem, der dem Klassizismus wichtige Impulse gab, aber auch Hermann Wilhelm Bissen (1798–1868), der sich nach 1850 zum nationalen Bildhauer Dänemarks entwikkelte. Beachtung verdienen auch die Bilder des in Schleswig geborenen Malers Niko Wöhlk (1887–1950), besonders jene aus seiner qualitativ überzeugendsten Phase in den 20er Jahren.

Im Untergeschoß des Gebäudes haben Arbeiten des Malers und Grafikers Gerhart Bettermann einen festen Platz gefunden. Bettermann, der Stadt seit Jahrzehnten durch seinen Wohnsitz an der Schlei, Ausstellungen und öffentliche Aufträge eng verbunden, gehört zu den populärsten zeitgenössischen Künstlern der Region, für manchen Betrachter aber auch zu den unbequemsten: Er ist einer derjenigen Künstler unseres Jahrhunderts, die der Kunst eine soziale und politische Funktion zuweisen und sie in den Dienst des Kampfes für eine bessere Welt stellen. In Anerkennung seines künstlerischen Lebensweges und seines kulturpolitischen Engagements würdigte Schleswig-Holsteins Kultusministerin Bettermann «als einen Zeitzeugen der bildenden Kunst in Deutschland».

An die Geschichte der «Schwarzen Kunst» erinnert eine Spezialsammlung, die Historische Druckerei, die in einem separaten Gebäude auf dem Museumsgelände untergebracht ist. Die Stadt war bis zum Ende des 19. Jahrhunderts einer der bedeutendsten Druckorte in Schleswig-Holstein. Bereits im ausgehenden Mittelalter, etwa 40 Jahre nach der Erfindung des Buchdrucks mit beweglichen Lettern, wurden in Schleswig Bücher gedruckt. Eine komplette Handsetzerei sowie funktionstüchtige alte Setz- und Druckmaschinen in der Historischen Druckerei lassen diese Tradition lebendig werden.

Neben diesen Angeboten sind es insbesondere die sehenswerten Sonderausstellungen, die zum guten Ruf des Städtischen Museums beigetragen haben. Auf Interesse über Schleswig hinaus stoßen vor allem die Wechselausstellungen zur städtischen Sozial- und Alltagsgeschichte.

Der Dom – Schatzkammer herausragender Kulturgüter

Eine Dom-Besichtigung sollte genauso wie der Gang durch die Museen zum Pflichtprogramm bei einem Besuch der Schleistadt gehören. Kunst-Enthusiasten sei empfohlen, genügend Zeit mitzubringen: Der Dom bietet eine geradezu überwältigende Fülle von Sehenswürdigkeiten und eignet sich deshalb vorzüglich als Lehrpfad durch die Kunstgeschichte.

Durch zahlreiche Grabkapellen, Grüfte und Epitaphien erhielt der Dom nach der Reformation den Charakter einer Grabeskirche der Gottorfer Herzöge und ihres Anhangs, so daß die mittelalterliche Ausstattung nur noch in Fragmenten vorhanden ist – am eindrucksvollsten im Schwahl, dem wohl schönsten

Der Dom aus ungewohnter Perspektive

Der Kreuzgang (Schwahl) des St.-Petri-Doms beeindruckt mit reichen Gewölbemalereien aus dem Mittelalter. Jedes Gewölbe hat sein eigenes Blatt- oder Blumenornament, jede Kappe zeigt Drolerien.

Zeugnis der Backsteingotik des frühen 14. Jahrhunderts in Schleswig-Holstein. Hier haben sich ebenso wie im Querhaus und im Chor figürliche und ornamentale Malereien erhalten, die ein Bild von der ursprünglichen farbigen Ausstattung vermitteln. Leider bleibt gerade der Kreuzgang Einzelbesuchern verschlossen. Beim vorweihnachtlichen Schwahlmarkt, der die jahrhundertealte Markttradition im Dombereich fortsetzt, besteht allerdings Gelegenheit zu einer ausgiebigen Besichtigung.

Im südlichen Nebenchor steht der gotische Dreikönigsaltar, der einzige Domaltar, der das Mittelalter überdauerte. Seine vier lebensgroßen, farbig gefaßten Holzskulpturen verkörpern den Geist der französischen Kathedralplastik aus der ersten Hälfte des 13. Jahrhunderts. An die mittelalterliche Ausstattung erinnert ferner eine Bronzetaufe im Hochchor. Nach der Inschrift wurde sie im Jahre 1480 für den Dom gestiftet.

Die Kunst der Renaissance ist mit einem hochrangigen Werk niederländischer Herkunft vertreten, dem von Cornelis Floris Mitte des 16. Jahrhunderts geschaffenen Freigrabmal des dänischen Königs Friedrich I., der zuvor Herzog von Gottorf war und 1533 in der Stadt starb.

Kunstschätze aus dem Zeitalter des Barock lassen sich an vielen Stellen im Dom entdekken. Für Barockliebhaber dürfte die ehemalige Sakristei am Chor besonders sehenswert sein, die von 1661 bis 1663 nach Plänen des Antwerpener Bildhauers Artus Quellinus

Der einzige erhaltene Altar aus dem Mittelalter im Schleswiger Dom ist der Dreikönigsaltar. Der dreiseitig offene Schrein birgt die lebensgroßen Figuren der Heiligen Drei Könige und Maria mit dem Kind (um 1300).

Detail der Bronzetaufe von 1480 im Dom. Die vier Tragefiguren ließ der Gottorfer Kanzler Kielmann von Kielmannseck 1666 hinzufügen.

d. Ä. zur Fürstengruft umgestaltet wurde. Hier sind unter anderem die Gottorfer Herzöge Friedrich III., Christian Albrecht und Friedrich IV. beigesetzt. Ihre in Wandnischen aufgestellten Marmorbüsten zählen zu den besten Beispielen barocker Bildniskunst im Lande.

Unter den zahlreichen barocken Epitaphien im Dom ragt jenes mächtige von 1673 heraus, das im nördlichen Querschiffsarm dem Gottorfer Kanzler Kielmann von Kielmannseck ein überdimensionales Denkmal setzt. Anmutiger präsentiert sich das als «Blaue Madonna» bekannt gewordene Barockgemälde des Hofmalers Jürgen Ovens aus dem Jahr 1669, eine meisterhafte Darstellung der Heiligen Familie unter dem Einfluß der Werke Rembrandts und vor allem van Dycks.

Der Bordesholmer Altar, das berühmteste Ausstellungsstück im Schleswiger Dom, führt uns kunstgeschichtlich zurück an die Wende von der ausgehenden Gotik zur frühen Renaissance. In diesem Werk des Bildschnitzers Hans Brüggemann erreicht die Kunst des vielfigurigen niederdeutschen Altars einen Höhepunkt. 1521 vollendet, wurde der dreiflügelige Schnitzaltar ursprünglich für die Augustiner-Chorherrenkirche zu Bordesholm geschaffen. 1666 ließ ihn Herzog Christian Albrecht im Domchor der Residenzstadt aufstellen. Thema des Altars ist die anschauliche Erzählung der Leidensgeschichte Christi, erweitert um die Darstellung des ganzen göttlichen Heilsplanes – eine Folge von Szenen, bei denen Dürers Holz-

Das bedeutendste Gemälde im Dom: die «blaue Madonna» von Jürgen Ovens (Ausschnitt)

schnitte der «Kleinen Passion» (1511) als Vorlage dienten.

Die Faszination, die von dem über 12 Meter hohen und sieben Meter breiten Altar mit seinen 400 Figuren aus ölgetränktem Eichenholz ausgeht, läßt sich in Worten, selbst in Detailfotos nur schwer vermitteln. Erst in der Dreidimensionalität erschließt sich dem Betrachter der Altar in seiner ganzen Ausstrahlungskraft. Daß der Bordesholmer Altar bereits frühere Generationen beeindruckte, dokumentiert die Inschrift am Fuße des Altars: «Dieses ausgezeichnete Werk ist im Jahre 1521 der Fleischwerdung des Herrn zur Ehre Gottes vollendet worden».

Hauptanziehungspunkt im Schleswiger Dom ist der gewaltige, dennoch unendlich fein und detailliert gestaltete Bordesholmer Altar des Bildschnitzers Hans Brüggemann, der als «Tilman Riemenschneider des Nordens» gilt.

Detailaufnahmen der Szenen – hier die Darstellung von Christus vor Kaiphas – verdeutlichen die Meisterschaft der Schnitzkunst.

Theater, Musik und Kunst

Einladend: das Theatergebäude im Lollfuß

Brechts «Leben des Galilei» in einer Aufführung des Landestheaters

Auf halbem Weg zwischen Dom und Schloß liegt Schleswigs Theater, ein weiterer wichtiger Faktor in der örtlichen Kulturlandschaft. Und einer der traditionsreichsten dazu: Unter Berücksichtigung der Geschichte des Gottorfer Hoftheaters verkörpert die Schleswiger Bühne das älteste Theater in Schleswig-Holstein.

Eine Blütezeit des Schleswiger Theaterlebens lag in den 50er Jahren, als sich die Bühne mit anspruchsvollen Inszenierungen und hervorragenden Schauspielern einen bedeutenden Ruf in der gesamten Republik erspielte. Für eine Reihe von Theaterleuten war die Schleswiger Bühne das Sprungbrett zu einer großen Karriere: für Thomas Holzmann beispielsweise, Hanne Wieder, Klaus Kammer, Ernst Jacobi und Herbert Mensching. 1974 schloß sich die Schleswiger Bühne mit den Theatern in Rendsburg und Flensburg sowie dem

Jazz-Stars aus der Sowjetunion bei den Schleswiger Jazztagen

Vehemente, spontane Malerei: Ursula Goldau in ihrem Atelier

Nordmark-Sinfonieorchester Flensburg zum Schleswig-Holsteinischen Landestheater und Sinfonieorchester zusammen, einer von den Städten Schleswig, Flensburg und Rendsburg getragenen GmbH. Schleswig ist seitdem Sitz der Generalintendanz und der Verwaltung dieses großen Kulturbetriebes, der seine Aufführungen über die drei Städte hinaus noch in etwa 15 anderen schleswig-holsteinischen Orten zeigt – von Itzehoe im Süden des Landes bis Westerland auf Sylt im äußersten Norden. Auch Gastspiele in Nordschleswig stehen auf dem Programm.
Liebhaber klassischer Musik kommen in Schleswig nicht nur bei den Sinfoniekonzerten im Theatersaal auf ihre Kosten: Der Dom bietet mehrmals im Jahr, vor allem im Sommer, den festlichen Rahmen für zusätzliche Konzerte. Der Dom, aber auch das Schloß sind in den Sommermonaten darüber hinaus

beliebte Gastspielorte im Rahmen des «Schleswig-Holstein Musik Festival».
Schleswigs musikalische Szene hat in den letzten Jahren überhaupt an Vielseitigkeit gewonnen: Seit 1986, nach der erfolgreichen Premiere der 1. Schleswiger Jazztage, gilt die Stadt als Hochburg des Jazz im Norden des Landes. Alljährlich im Frühherbst, wenn das Kulturamt und der lokale Musikclub zum Jazzmeeting an der Schlei aufrufen, stellen sich bekannte Größen genauso wie talentierte Newcomer aus dem In- und Ausland ein. 1988 etwa waren Spitzenensembles aus der DDR zu Gast, 1989 einige der besten Gruppen aus der Sowjetunion. Mit dem Konzept, jedes Jahr eine andere «Jazzlandschaft» vorzustellen, haben die Schleswiger Musikmanager ihren Jazztagen ein weithin unverwechselbares Profil gegeben.
Worüber sich besonders die Jugendlichen freuen: Dank amtlicher und privater Bemühungen gibt es neuerdings mehr Angebote für Anhänger der Rockmusik. In der Kneipe «Oller Kotten» beispielsweise, am Rande der Altstadt gelegen, treten häufiger Live-Bands auf, gelegentlich auch in der Diskothek «Ela-Ela» am nördlichen Stadtrand. Aber auch hier zeigt sich Schleswig eher von seiner beschaulichen Seite: Wer ein turbulentes Nachtleben erwartet und einen ausgiebigen «Zug durch die Gemeinde» plant, sollte lieber in die nächstgelegene Großstadt fahren.
Die Kurzbeschreibung des Schleswiger Kulturlebens wäre unvollständig ohne die Erwähnung der lokalen Kunstszene, die ihre Kristallisationspunkte in der renommierten Galerie Könning am Lollfuß und im Städtischen Museum besitzt. In Selk, vor den Toren der Stadt, etablierte sich vor einiger Zeit das Schleswig-Holsteinische Künstlerhaus. Diese «Talentschmiede» wurde trotz seiner provisorischen Behausung in einem ehemaligen Schulgebäude schnell zu einem Forum der Begegnung zwischen Künstlern und Kunstinteressierten und zu einem anerkannten Ausstellungsort, nicht zuletzt auch zu einem stimulierenden Faktor für das kommunale Kulturgeschehen. Zu den Mitinitiatoren des Künstlerhauses zählt Ursula Goldau, eine in Schleswig lebende Malerin, die durch ihre Beteiligung an den jährlichen Landesschauen bildender Kunst und die Teilnahme an internationalen Ausstellungen über die Stadtgrenzen hinaus bekannt wurde.
«Kultur für alle» – nach dieser Devise bemühen sich viele Vereine und Gruppen um eine Ergänzung und Abrundung des «offiziellen» Kulturangebots. Besonders bodenständige Einrichtungen sind die beiden Schleswiger Amateurtheater, Niederdeutsche Bühne und Speeldeel, die sich der Pflege der plattdeutschen Sprache verschrieben haben.

Schleswig – eine Stadt mit vielen Behörden

Seinem Standortvorteil als Kulturstadt hat es Schleswig zu verdanken, daß die «weiße Industrie», der Fremdenverkehr, als Wachstumsbranche in den letzten Jahren kräftig zulegen konnte und in der Bevölkerung kaum Sehnsucht nach rauchenden Fabrikschloten aufkommen läßt. Von denen gibt es nur wenige – Schleswig war schon immer ein industriearmer Ort. Dafür konzentrieren sich um so stärker verschiedene Bundes-, Landes- und Regionalbehörden in Schleswig. Beamtenstadt – so wird Schleswig deshalb auch vielfach genannt. Eine Spitzenstellung unter den öffentlichen Arbeitgebern nimmt die Bundeswehr ein. Von beträchtlicher Bedeutung für die Wirtschafts- und Sozialstruktur sind daneben die im ehemaligen Regierungsgebäude untergebrachten Obergerichte des Landes (Oberlandes-, Verwaltungs- und Sozialgericht Schleswig-Holsteins) und die Kreisverwaltung Schleswig-Flensburg. Rund 1000 Mitarbeiter beschäftigt das Landeskrankenhaus mit seinen zwei getrennten Abteilungen, jeweils für Psychiatrie und Neurologie und für Kinder- und Jugendpsychiatrie. Etwa 1400 Patienten, darunter auch Suchtkranke, werden in den beiden Häusern betreut. Die

Das Verwaltungsgebäude des Kreises Schleswig-Flensburg mit dem Altbau von 1913 und dem modernen Erweiterungstrakt

Bootsbau in den Werkstätten für Behinderte

**Naßholz-
konservierung
in den
Archäologischen
Zentralwerkstätten**

1820 von dem Schleswiger Arzt Carl Ferdinand Suadicani gegründete «Irrenanstalt» – so der zeitgenössische Begriff – war ein Pionierunternehmen, getragen von der humanitären Absicht, das Los der bisher in Zuchthäusern eingesperrten Geisteskranken zu lindern. C. F. Hansen, der bedeutendste dänische Architekt dieser Zeit, entwarf den klassizistischen Kernbau der Anlage.

In diesem Zusammenhang verdient eine Einrichtung der Norddeutschen Gesellschaft für Diakonie Erwähnung: die Werkstätten für Behinderte, in der etwa 300 Behinderte zum Teil anspruchsvolle handwerkliche Tätigkeiten verrichten. Die Werkstätten verfügen über eine eigene Werft, in der Teams von behinderten und nichtbehinderten Bootsbauern in kleinen Stückzahlen den Ostsee-Trawler fertigen, ein begehrtes Produkt deutscher Bootsbaukunst.

Auf der Schloßinsel liegen die Archäologischen Zentralwerkstätten. Dieses dem Archäologischen Landesmuseum angegliederte Institut erfüllt mit der Konservierung, Restaurierung und wissenschaftlichen Untersuchung von Bodenfunden wichtige Aufgaben bei der Erforschung der Ur- und Frühgeschichte Schleswig-Holsteins. Dies alles geschieht wenig spektakulär und abenteuerlich, sondern nach den strengen Regeln exakter Wissenschaftlichkeit: Um herauszufinden, wie sich die Einwohner Haithabus ernährten, wurden in den Werkstätten beispielsweise Zigtausende von Obstkernen, Hunderttausende von Tierknochen und zahllose Fischgräten aus den Abfällen der Wikingersiedlung herausgefiltert und ausgewertet. Der Service der mit modernsten Geräten ausgerüsteten Werkstätten wird nicht selten von verschiedenen Einrichtungen in der ganzen Bundesrepublik in Anspruch genommen. Gefragt sind vor allem Hilfeleistungen im Bereich der Naßholzkonservierung. Auf diesem Sektor steht das Institut mit seinen Möglichkeiten weithin konkurrenzlos da.

Die dänische Volksgruppe

Mit knapp 30 000 Einwohnern präsentiert sich Schleswig heute als eine Stadt ohne Hektik. Ruhe, Gelassenheit und Toleranz herrschen vor. Doch das war nicht immer so. Noch vor wenigen Jahrzehnten lastete der Schatten der nationalen Konfrontation, der mitunter fanatisch betriebenen Auseinandersetzung zwischen Deutschen und Dänen, auf der Stadt. Seinen Höhepunkt erreichte der Konflikt nach dem Ende des Zweiten Weltkrieges, als das starke Anwachsen der dänischen Minderheit im Landesteil Schleswig zu Ausgrenzungsversuchen deutschgesinnter Politiker und Verbände führte. Erst die Bonn-Kopenhagener Erklärungen von 1955 mit ihren Schutzklauseln für die nationalen Minderheiten beiderseits der deutsch-dänischen Grenze legten den Grundstein für ein friedliches Miteinander im Norden Schleswig-Holsteins.

Wieviele Menschen sich trotz ihrer deutschen Staatsbürgerschaft in der Stadt Schleswig gegenwärtig als Dänen fühlen, läßt sich schwer beziffern. Wenige sind es nicht, denn im Stadtgebiet existieren zahlreiche dänische Organisationen und Institutionen, vom Kindergarten bis zur Seniorengruppe, so daß für alle Lebensbereiche und -abschnitte ein engmaschiges Netz dänischer Einrichtungen zur Verfügung steht. Vielleicht ist dies der Grund für die beachtliche Stabilität der dänischen Volksgruppe.

Zum Zusammenhalt der dänischen Volksgruppe tragen auch zwei Kirchengemeinden und zwei Pfadfinderorganisationen bei.

Ein Gang durch die Stadt – vom Friedrichsberg zum Holm

Restauriertes Gebäudeensemble im Friedrichsberg

Wer Interesse verspürt, Schleswig gewissermaßen von «unten» her kennenzulernen, der sollte die Stadt einmal in ihrer ganzen Ausdehnung durchwandern, vom traditionsreichen, inzwischen dringend sanierungsbedürftigen Stadtteil Friedrichsberg mit seinen unübersehbaren sozialen Gegensätzen über die Wohn- und Geschäftsviertel entlang der Straße Lollfuß bis zur Altstadt mit der Fischersiedlung Holm.

Das Gesicht der Altstadt hat sich durch die Sanierungsmaßnahmen der letzten Jahre zum Vorteil verändert. Der Stolz der Stadtsanierer ist die zur Fußgängerzone umgestaltete Ladenstraße, der Stadtweg, der zu einem gemütlichen Bummel ohne Hetze einlädt und die Attraktivität Schleswigs als überörtliches Einkaufszentrum beträchtlich erhöhen konnte. Im Überschwang der Modernisierung sind aber leider manche Bausünden begangen worden, die zum Teil häßliche Wunden in die ehemals schönen alten Häuserzeilen geschlagen haben. Vom Kornmarkt, dem architektonisch und atmosphärisch ansprechendsten Bereich der Fußgängerzone, gelangt man über den Kaufmannshof zur neuen Wohn- und Erholungsanlage am Lornsenpark, eine vorbildlich gestaltete grüne Insel mit dem Kälberteich im Zentrum. Es lohnt sich, hier ein wenig auszuspannen. Weiter geht es dann durch die Lange Straße, die verkehrsberuhigte, dennoch vielbefahrene Hauptstraße der Altstadt mit sehenswertem alten Baubestand, zur Norderdomstraße. Dort steht eines der ältesten Gebäude Schleswigs, das sogenannte Lundtenhaus (heute kirchliches Gemeindehaus), ein stark restauriertes spätmittelalterliches Bruderschaftshaus mit charakteristischem Treppengiebel.

Von diesem Punkt sind es nur wenige Schritte zum neugestalteten Rathausmarkt, der in seiner stillen Beschaulichkeit kaum

Rathausmarkt, Kälberteich und Fußgängerzone prägen das neue Gesicht der Altstadt.

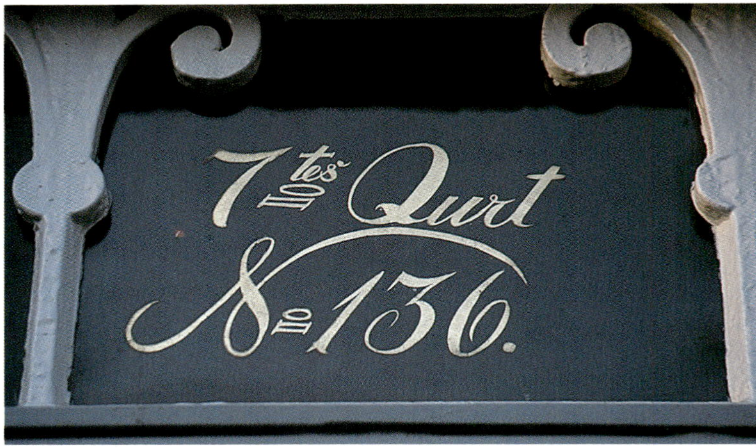

Im Lollfuß und Stadtweg verraten noch manche alten Türen und Gebäudedetails den durch moderne Umbauten verdeckten barocken oder klassizistischen Charakter vieler Häuser.

erahnen läßt, daß sich hier früher der geschäftige Handels- und Verwaltungsmittelpunkt der Altstadt befand. Am Rathausmarkt stehen zwei auffallende Gebäude: die ehemalige Hofapotheke von 1517 mit hohem Satteldach und die traditionsreiche, 1884 gegründete Gaststätte «Senatorkroog», die in ihrer Gemütlichkeit zur Einkehr und zu einem «Schnack» mit den Einheimischen einlädt.
Nur einen Steinwurf vom Rathausmarkt entfernt liegt der Holm, Schleswigs alte Fischersiedlung, sicher die schönste unter den Sehenswürdigkeiten der Stadt, für manchen aber immer noch ein Geheimtip.
Die Bezeichnung Holm stammt aus dem Dänischen und bedeutet «von Wasser umgeben». Tatsächlich war der malerische Stadtteil an der Schlei bis 1935 eine Insel. Erst zu die-

sem Zeitpunkt wurde im Zuge des Baus militärischer Anlagen eine Landverbindung zur Außenwelt hergestellt. Die jahrhundertelange Insellage erklärt vielleicht, warum sich in dem 200-Seelen-Fischerquartier ein eigenartiges und einzigartiges Stück der alten Schleistadt bewahrt hat.
«Die Fischer haben das Recht, frei zu fischen auf der ganzen Schlei und können ihre Netze zum Trocknen auf dem Lande ausspannen, so weit sie mit der Ruderpinne vom Schiffe aus werfen können.» Mit diesem Satz fand die Existenzgrundlage der Bewohner des Holms bereits im ältesten Schleswiger Stadtrecht Erwähnung. Im Jahre 1480 wurden die Rechte der Fischer im heute noch gültigen «Schleibrief» vom dänischen König Christian I. bestätigt. Auf diese Erklärung konnten sich allerdings alle Einwohner der Stadt berufen, so daß die Nebenerwerbsfischerei zu Lasten der Holmer Berufsfischer immer mehr zunahm. Zum Schutz vor den lästigen Kleinfischern schlossen sich die Holmer Berufsfischer 1765 zu einer Fischergesellschaft zusammen, aus der später die Fischerzunft hervorging, die noch heute als Arbeits- und Interessengemeinschaft der Fischer auf dem Holm besteht. Als Gegenleistung für ihre privilegierte Anerkennung durch die Stadt hatten die Holmer einige Auflagen zu beachten. So mußten sie den Einwohnern stets ein ausreichendes Sortiment aller Fische für einen «billigen Preis» anbieten. Die Ausfuhr von Fischen war nur unter der Bedingung erlaubt, daß für die Stadt ein für acht Tage reichender Vorrat zurückblieb.

Bunte Fassaden am Lollfuß

Unter den Bewohnern des Viertels sind die Fischer gegenwärtig in der Minderheit. Nur noch 17 Holmer arbeiten hauptberuflich in diesem Erwerbszweig. 1896 waren es 88, 1960 immerhin 58. Daß die Holmer Fischerzunft vom Aussterben bedroht ist, liegt nicht so sehr an unzureichenden Fangmöglichkeiten oder dem geringen Erlös pro Kilo Fisch. Trotz der von den Fischern beklagten Wasserqualität stellt die Schlei nach wie vor, besonders zur Herings- und Aalzeit, ein fischreiches Gewässer dar, in dem sogar Edelfische wie Regenbogen- und Meerforellen vorkommen. Ausschlaggebend für den Rückgang der Holmer Berufsfischerei ist wohl in erster Linie das nachlassende Interesse junger Leute, den harten, entbehrungsreichen Fischerberuf zu erlernen, der keine geregelte Arbeitszeit, selten ein freies Wochenende und kaum einen längeren Urlaub kennt. «Von Abenteuerro-

Frohsinn
Ordnung
Einigkeit

mantik kann keine Rede sein», erklärt Harald Ross. Er muß es wissen, denn als «Öllermann» ist er seit Jahren der Chef der Holmer Fischerzunft.

Nahezu kreisrund gruppieren sich die eingeschossigen, im Sommer blumengeschmückten Häuser mit ihren «Klöndören» um den lindenumsäumten Friedhof, den Mittelpunkt der Siedlung. In der Vergangenheit vernichteten mehrfach Feuersbrünste die ursprünglich mit Stroh gedeckten und in Fachwerk gemauerten Fischerhäuser. Der größte der Brände äscherte am 21. Mai 1651 30 Wohnhäuser ein. Ausgelöst wurde das Feuer ausgerechnet durch jene Ehrenschüsse, die Mitglieder einer Schützengilde ihrem hohen Gast, dem Gottorfer Herzog Friedrich III., zugedacht hatten.

Der Friedhof, den Holmern ständig gegenwärtig, bildet nicht nur geographisch das Zentrum des Holms: das ganze Leben auf der früheren Insel ist auf den Beerdigungsplatz mit seiner kleinen Kapelle ausgerichtet. Der Friedhof gehört der Holmer Beliebung, einer im Jahre 1650 gegründeten Totengilde. Ihre Mitglieder verpflichteten sich damals, «beieinander im Leben und Sterben zu stehen und sich in Not und Tod, sowohl in Pest- als gesunden Zeiten, nicht zu verlassen». Diese Solidargemeinschaft vermochte alle Stürme der Zeit zu überdauern: Es gibt heute keinen Holmer, der nicht Mitglied der Beliebung wäre.

Das Ritual der Beliebung hat sich seit Jahrhunderten kaum verändert. Bei einem Sterbe-

«Frohsinn, Ordnung, Einigkeit» – Schleswigs drei Schützengilden verstehen sich als Bewahrer traditioneller Werte.

Der Holm – einst eine Insel in der Schlei, seit 1935 mit Schleswig fest verbunden. Von der eigentümlichen Welt der Fischersiedlung hat sich bis heute vieles erhalten. Dazu zählen auch die Häuser mit den zweigeteilten «Klöndören».

fall geht der schwarzgekleidete «Verkünder des Todes» von Haus zu Haus und sucht sechs Sargträger aus, die in schwarzem Anzug und Zylinder zum Friedhof kommen müssen, um ihren Dienst zu verrichten. Diese Pflicht geht unter den Anwohnern reihum – im Uhrzeigersinn, vom Friedhof aus gesehen, der auch hier wieder Maß aller Dinge ist.

Trauer und Freude liegen auf dem Holm eng beeinander: Einmal im Jahr, wenn die Sonne am höchsten steht, wird nach der obligatorischen Totenehrung am Friedhof das Fest der Holmer Beliebung gefeiert – mit Musik, Umzug und einem feucht-fröhlichen Ball, bei dem die Paare wie vor Jahrhunderten Figaro, Fandango oder Menuett tanzen. Die Zeit, so könnte man vermuten, scheint auf dem Holm stehengeblieben zu sein.

Doch der Charme der Fischersiedlung täuscht leicht darüber hinweg, daß es hinter der idyllischen Kulisse handfeste Probleme gibt, an denen die kleine sympathische Welt des Holms zerbrechen könnte: Die Anziehungskraft dieses Schleswiger Stadtteils hat gut betuchte «Butendieker», wie die Holmer alle Auswärtigen nennen, und kapitalkräftige Häuserspekulanten auf den Plan gerufen, die sich der Siedlung nach und nach zu bemächtigen drohen.

Tradition bestimmt auch den Alltag der Holmer. Jeden Tag, bei Wind und Wetter, versammeln sich die Männer an der «Klönecke», einem Ort an der Ecke Fuß am Holm und Süderholmstraße, und tauschen die neuesten Nachrichten aus der großen und kleinen Welt

Johannes Wolff
Fischer

Im Frühjahr fangen die Holmer Fischer vor allem Heringe.

Abendstimmung am Holmer Strand

Die Holmer Fischerzunft –
17 Aktive gehören ihr heute noch an.

Das Einholen der Netze und Reusen erfolgt
meist immer noch in schwerer Handarbeit.

Der Friedhof – Mittelpunkt des Holms

Beliebungsfest: Die rote Rose am linken Revers des Anzugs ist Vorschrift.

Marsch zum Beliebungsball, dem jährlichen gesellschaftlichen Höhepunkt im Leben der Holmer

aus – ein Börsenplatz, der wohl schon seit Hunderten von Jahren an dieser Stelle besteht: «Dat war so, un dat blivt ok so», wie die Holmer zu sagen pflegen. Dieses konsequente Festhalten am Althergebrachten, das es in ganz Schleswig-Holstein wohl nirgendwo sonst gibt, zeichnet die Holmer als besonderen Menschenschlag aus.

Beim engen Zusammenhalt der Holmer konnte es nicht ausbleiben, daß viele miteinander verwandt oder verschwägert sind. So tauchen denn auf den Türschildern einige Namen in schöner Regelmäßigkeit immer wieder auf: Nanz, Ross, Reincke, Fischer oder Wolff. Um Verwechselungen zu verhindern, kamen die Holmer irgendwann auf die Idee, «Ökelnamen» einzuführen, Spitznamen, die zum Teil auf eine Eigenart ihrer Träger abzielten und die sich über viele Generationen vererbten. Wenn man eines Tages einem der zahlreichen Holmer namens Nanz begegnet, könnte es sein, daß es sich beispielsweise um «Diransch», «Addelei», «Boxer» oder «Dummel» handelt.

Auch das ist etwas Holm-Typisches: Jedes Jahr Ende August segeln ausgemusterte Fischerkähne bei der «Twiebakken-Regatta» um die Wette – ein sehenswertes Ereignis, das allein schon einen Besuch des Holms lohnt.

Eine Nachrichtenbörse seit Jahrhunderten: die «Klönecke» mitten auf dem Holm

Sport: Vom Segeln bis zum Schwimmen

Wer selbst Lust bekommt, die guten Segelmöglichkeiten auf der Schlei zu nutzen, findet dazu in Schleswig alle Voraussetzungen vor: eine Segelschule, Bootsverleih von der Jolle bis zur stattlichen Yacht, Slipanlagen und Bootsliegeplätze. Spätestens auf dem Wasser merkt man dann, daß die Schlei kein Fluß oder See ist, sondern eine weit in das Land hineinreichende Förde der Ostsee, gerät das Ufer doch mitunter fast außer Sichtweite. Dies gilt besonders für die Große Breite der Schlei, die ihren Namen zu Recht trägt und genug Platz für ausgiebige Segeltörns bietet.

Aber damit ist die breite Palette der Sportangebote nicht erschöpft. Da wäre nach dem Segeln zunächst das Angeln zu nennen. Petri-Jünger kommen nicht nur an der Schlei mit ihren stillen Nooren auf ihre Kosten, sondern vor allem an den fischreichen Seen und Flüssen in der näheren Umgebung. Hier bietet übrigens die Treene, wenige Kilometer von Schleswig entfernt, einen ausgezeichneten Meerforellen-Bestand. Reiten, Surfen, Kanufahren, Tennis, Squash und Minigolf sind weitere Sportarten, die in Schleswig durchgeführt werden können. Nicht zu vergessen das Schwimmen: Bademöglichkeiten bieten sich in der Schlei, im beaufsichtigten Luisenbad – einem Freibad in der Nähe der Altstadt – und bei schlechtem Wetter natürlich auch in der städtischen Schwimmhalle.

Nostalgie: die «Twiebakken-Regatta» alter Holmer Fischerkähne

Gastronomie mit Atmosphäre im «Ringelnatz», im «Hans Brüggemann» oder im «Patio» . . .

Essen und Trinken

Nach solchen sportlichen Aktivitäten empfiehlt sich eine Stärkung in einem Schleswiger Lokal oder Restaurant. Die Auswahl derjenigen, in denen man bei gemütlicher Gastlichkeit gut essen und trinken kann, ist groß, so daß es schwerfällt, das eine oder andere Restaurant besonders hervorzuheben. Unter den Lokalen, die man zu Fuß vom Zentrum aus gut erreichen kann, kommt neben dem «Senatorkroog» am Rathausmarkt vor allem die «Schleimöwe» auf dem Holm in Betracht. Fischspezialitäten wie Schleiheringe und Schleiaal gelingen hier vorzüglich. Das Restaurant «Olschewski's» an der Hafenstraße ist der richtige Tip für diejenigen, die exklusiv speisen möchten. Im Stil der «goldenen zwanziger Jahre» präsentiert sich das «Lobby» am Rande der Fußgängerzone. Dieses Restaurant bietet – leider in Schleswig noch die Ausnahme – durchgehend warme Küche. Jüngeres Publikum zieht es mehr in die Gaststätten «Hans Brüggemann» und «Ringelnatz» in der Altstadt, besonders aber in das «Patio», ein Kneipenrestaurant mit lockerer Atmosphäre in einem hübschen Hinterhof am Lollfuß, und in das kleine Bistro «Marvil» am Kornmarkt.

Lange Zeit waren Möweneier eine vielgepriesene Schleswiger Delikatesse. Die braungrün gesprenkelten Eier sind sozusagen «hausgemacht», denn sie stammen von der Möweninsel vor Schleswig. Dort brütet jedes Jahr eine Kolonie von Lachmöwen. Bis 1868 wurde ihre Zahl durch Abschießen in Grenzen gehalten. Seitdem geht es friedlicher zu: Ein «Möwenkönig» als Pächter der Schleiinsel sammelt alljährlich im Mai einen Teil der Gelege ein, um die Eier anschließend an Delikatessenhändler und Gastronomen zu verkaufen. Zum Entsetzen aller Möweneier-Fans sprach das Land Schleswig-Holstein 1989 ein Handelsverbot der begehrten Eier aus, weil sie übermäßig mit gesundheitsgefährdenden Schadstoffen belastet waren. So mußten dann auch die Mitglieder der Schleswiger Loge «Brüder der Schlei» auf ihr traditionelles Möweneier-Wettessen verzichten, bei dem ein früherer Sieger schon einmal 44 der schwerverdaulichen Eier verspeist haben soll.

Ein Gemälde als Zeitdokument: Dieses Bild aus dem Städtischen Museum schildert die Möwenjagd auf der Schleiinsel im vorigen Jahrhundert.

Mehrere tausend Lachmöwen nisten jedes Jahr auf der Schleiinsel vor Schleswig. Herrscher der Insel ist der «Möwenkönig». Er besitzt das alleinige Sammelrecht an den gesprenkelten Eiern.

Schleswig – mitten im Binnenland gelegen und durch die Schlei doch mit dem Meer verbunden

«Schleswig hat so viel zu bieten, daß man alles an einem Tag nicht erleben kann», heißt es in einer Broschüre, die für den Besuch der «Erlebnis-Stadt im Norden» wirbt. Übertreibung? Sicher nicht. Es lohnt sich durchaus, einige Tage für eine Besichtigung der Stadt und der zahlreichen Sehenswürdigkeiten in der Umgebung einzuplanen. Langeweile dürfte kaum aufkommen. Nur sollte man sich zumindest in der Hochsaison rechtzeitig ein Quartier in der Touristinformation am Dom reservieren lassen: Obwohl die Bettenzahl in den Beherbergungsbetrieben in den letzten Jahren kräftig gestiegen ist, sind im Sommer nahezu alle Hotels durchgehend ausgebucht. Als Ausnahmeerscheinung unter den Hotels am Ort kann das neue «Haus am Dom» gelten, «Deutschlands erstes Hotel für Frauen», wie die Inhaberin Elke Ringeling stolz betont. Das 150 Jahre alte, geschmackvoll renovierte Haus liegt mitten in der ruhigen Altstadt. Doch man muß schon etwas suchen, um diese Bleibe zu entdecken: kein Schild, keine Leuchtreklame gibt einen Hinweis.

Wie ein drohend erhobener Zeigefinger, zur Warnung vor den Bausünden der Vergangenheit, reckt sich der in den 70er Jahren errichtete Wikingturm in den Himmel. Die Schleswiger trösten sich damit, daß er mit seiner Höhe von 85 Metern den Domturm nicht zu übertrumpfen vermag.

Auch wenn man den Wikingturm als nicht besonders attraktiv empfindet, lohnt es sich auf jeden Fall, mit dem Fahrstuhl in das ganz oben gelegene Restaurant und Café, das höchstgelegene in Schleswig-Holstein, hinaufzufahren und – gute Sicht vorausgesetzt – die einmalige Aussicht auf das Hinterland von Schleswig zu genießen. Natürlich reicht der Blick aus der Vogelperspektive nicht, um die Ausflugsziele in der Umgebung näher in Augenschein zu nehmen. Das sollte man schon per Pedes, Fahrrad, PKW oder mit öffentlichen Verkehrsmitteln erledigen.

Immer im Blick: der Wikingturm Schleswigs zweithöchstes Bauwer

Oben: Wallabschnitt des Danewerks mit der Waldemarsmauer

Unten: Unberührte Natur im Schutz des Danewerks

Schleswigs Hinterland

Aufgrund der günstigen geographischen Lage Schleswigs lassen sich die Strände der Ostsee, die Westküste mit den nordfriesischen Inseln und selbst Dänemark in weniger als einer Stunde erreichen. Alles liegt sozusagen vor Schleswigs Haustür.

Vor größeren Exkursionen empfiehlt es sich, zunächst die nähere Umgebung zu erkunden. Eines der schönsten Ziele für einen Tagesausflug sind die reizvollen Hügel- und Wiesenlandschaften von Angeln und Schwansen zu beiden Seiten der Schlei mit malerischen Dörfern, alten Gutshöfen und romanischen Feldsteinkirchen. Am besten unternimmt man diese Fahrt im späten Frühjahr, wenn das leuchtende Gelb der Rapsblüten auf den Feldern entlang der Schlei einen besonders fotogenen Kontrast zum Blau des Himmels und des Wassers bildet. Auf seinen fahrbaren Untersatz kann man bei dieser Tour übrigens gut verzichten, weil die «Wappen von Schleswig», ein Oldtimerschiff, in der Saison täglich zu Rundfahrten auf der Schlei ausläuft.

Wer zugunsten besserer Mobilität lieber auf dem Festland bleiben möchte, dem sei als eintägiger Ausflug in das Schleswiger Land folgende Route nahegelegt: Von Schleswig geht die Fahrt über die Schleidörferstraße zunächst durch den Süden Angelns, dieses mit frühgeschichtlichen Zeugnissen und bedeutenden Kirchenbauten so reich ausgestattete Agrarland zwischen Flensburger Förde und

Moor bei Schleswig: Schutzzone für seltene Pflanzen und Tiere

Rapsblüte in Angeln

Schloß Louisenlund an der Schlei

Schlei. In Missunde, dem alten Fährort an der Schlei, lohnt sich ein erster Halt. Hier verengt sich die Schlei bis auf 135 Meter, die schmalste Stelle in ihrem gesamten Verlauf. Erbittert wurde in den schleswig-holsteinischen Kriegen des 19. Jahrhunderts um diesen strategisch wichtigen Ort gekämpft. Heute ist Missunde das Ziel friedlicher Eroberer: Zahlreiche, vielleicht zu viele Segel- und Motorboote machen im Sommer in Missunde fest. Ulsnis, eines der schönsten Dörfer am nördlichen Schleiufer, ist das nächste Ziel unserer Reise durch das südliche Angeln. Eindrucksvoll steht die eichengerahmte Ulsniser Kirche, die Hauptsehenswürdigkeit des Ortes, auf einer Anhöhe an der Schlei. Ursprünglich ein romanischer Feldsteinbau des 12. Jahrhunderts, wurde das Gotteshaus im 18. Jahrhundert zur Saalkirche umgestaltet. Die traditionsreichen Schleistädte Arnis und Kappeln, weiter schleiabwärts und fast schon in der Nähe der offenen Ostsee gelegen, sind Ausflugsziele, die auf einer gesonderten Exkursion besichtigt werden sollten. Dennoch lohnt es sich, auf der Durchfahrt vorab einige Impressionen aus Arnis mitzunehmen, der zweitkleinsten Stadt in der Bundesrepublik Deutschland, und ein Stück durch die lindenbestandene Lange Straße zu bummeln, die den idyllischen Charakter des Ortes prägt. In Kappeln verlassen wir Angeln und gelangen über die Schleibrücke nach Schwansen. Weite Gutsländereien und zahlreiche Herrenhäuser geben dieser Landschaft zwischen Schlei und Eckernförder Bucht ihr unverwechselbares Profil.

Das Haddebyer Noor – vor 1000 Jahren der betriebsame Hafen von Haithabu, heute eine stille Naturlandschaft

Missunde – die engste Stelle der Schlei. Mit der Fähre gelangen Fußgänger und Fahrzeuge von Angeln nach Schwansen.

Die Kirche von Ulsnis an der Schlei, ein romanischer Feldsteinbau aus dem 12. Jahrhundert

Etwas versteckt direkt an der Schlei liegt das malerische Dorf Sieseby mit gepflegten, weißgestrichenen Fachwerkkaten und einer stattlichen Kirche romanischen Ursprungs. Längst kein Geheimtip mehr ist der «Schlie-Krog» in Sieseby, ein exquisites Restaurant mit regionaler Küche. Von Sieseby ist es nicht weit zum Gut Krieseby. Hier richtete die Eckernförder Kaufmannsfamilie Otte im 18. Jahrhundert eine berühmte Fayencemanufaktur ein. Sehenswerte Ziele auf dem Weg nach Schleswig sind die bedeutende spätromanische Backsteinkirche in Rieseby, die Kirche von Kosel und vor allem Louisenlund unweit von Fleckeby, die in den Jahren 1772 bis 1776 errichtete Sommerresidenz des Landgrafen von Hessen, heute Sitz einer Internatsschule. Ein Spaziergang durch die ausgedehnten Parkanlagen am Ufer der Großen Breite könnte den Tagesausflug durch das Schleswiger Land beschließen.

Weitere lohnenswerte Ziele im Nahbereich der Stadt sind im Süden die Hüttener Berge, Schleswigs «kleiner Harz», und im Westen die imposante Befestigungsanlage des Danewerks, die sich von der Schlei bis Hollingstedt an der Treene erstreckt, das größte archäologische Denkmal Nordeuropas. Und damit sind wir in der Nähe des Ausgangspunktes dieser Schleswig-Betrachtung, bei Haithabu. Keine Frage: Die Geschichte hat in Schleswig mächtige Spuren hinterlassen.

Mitten durch Angeln zieht sich die Füsinger Au und mündet wenige Kilometer vor Schleswig in die Schlei.

Autor und Verlag danken allen, die zum
Gelingen dieser Publikation beigetragen haben.
Besonderer Dank gilt der Fa. Minolta.
Die Aufnahmen entstanden mit Minolta-Kameras
und Objektiven der Brennweiten 24 mm bis 300 mm.

CIP-Titelaufnahme der Deutschen Bibliothek

Rüdel, Holger:
Schleswig : Nordeuropas älteste Stadt /
Holger Rüdel. –
Hamburg : Christians, 1990
(Land & Leute)
ISBN 3-7672-1107-6
NE: HST

Gesamtherstellung Christians Druckerei, Hamburg
ISBN 3-7672-1107-6
Printed in Germany